Stand und Trends betrieblicher Anwendungssysteme

Alexa Hild

Bibliografische Information der Deutschen Nationalbibliothek:

Die Deutsche Nationalbibliothek verzeichnet diese Publikation in der Deutschen Nationalbibliografie; detaillierte bibliografische Daten sind im Internet über http://dnb.d-nb.de abrufbar.

ISBN: 9783346873972
Dieses Buch ist auch als E-Book erhältlich.

© GRIN Publishing GmbH
Trappentreustraße 1
80339 München

Druck und Bindung: Books on Demand GmbH, Norderstedt Germany
Gedruckt auf säurefreiem Papier aus verantwortungsvollen Quellen

Das vorliegende Werk wurde sorgfältig erarbeitet. Dennoch übernehmen Autoren und Verlag für die Richtigkeit von Angaben, Hinweisen, Links und Ratschlägen sowie eventuelle Druckfehler keine Haftung.

Das Buch bei GRIN: https://www.grin.com/document/1357632

Thema:

Stand und Trends betrieblicher Anwendungssysteme

Assignment

Alexandra Hild

12. März 2023

Inhaltsverzeichnis   Seite

Abbildungsverzeichnis... III
1.   Einleitung... 1
       1.1 Problembeschreibung und Relevanz.. 1
       1.2 Ziele im Rahmen dieser Arbeit.. 1
       1.3 Aufbau der Arbeit.. 2
2.   Grundlagen betrieblicher Anwendungssysteme................................. 2
       2.1 Chronologische Begriffsentwicklung.. 2
       2.2 Stand und Trends... 6
       2.3 Softwarekrise.. 10
3.   Praxisnahes Beispiel Wirtschaft.. 11
       3.1 Beschreibung Szenario Optimierung Beschaffung im Mittelstand.............. 11
       3.2 Ist-Zustand als Motivation des Projektteams und Projektinitialsierung....... 11
       3.3 Fachliche und IT-Technische Anforderungsanalyse................... 12
       3.4 Pflichtenhefterstellung.. 13
              3.4.1   Ziele des Einsatzes des Marketplace Management Summary........... 13
              3.4.2   Technische Anforderungen und Adminstration..................... 13
              3.4.3   Fachliche Anforderungen... 14
              3.4.4   Checkliste Anforderungsverzeichnis................................. 15
       3.5 Auswahl, Testphase, Vertragsabschluss.................................... 16
4.   Zusammenhänge und Schlussfolgerungen..................................... 17
Literaturverzeichnis.. III

Abbildungsverzeichnis   Seite

Abbildung 1: Die Informationssystempyramide 3

Abbildung 2: Das ARIS-Haus 4

Abbildung 3: ERP-Systeme und unternehmensübergreifenden Anwendungen 5

Abbildung 4: Entwicklung vom Monolith, zu Service-Orientiert bis hin zu Microservices 8

1. Einleitung

1.1 Problembeschreibung und Relevanz

Durch den Einsatz von betrieblichen Anwendungssystemen (AS) bilden Unternehmen ihre Standartprozesse von Einkauf, Verkauf über Personalwesen und Buchhaltung ab. Durch die externe Miteinbeziehung von Lieferanten entstehen Systemlandschaften, die nicht voneinander getrennt arbeiten, sondern digital Daten und Funktionen miteinander austauschen.[1] Unternehmen in allen Branchen erkennen die Bedeutung und das Potenzial interner und externer Digitalisierung. Die digitale Transformation ist der Treiber, bestehende Wertschöpfung zu optimieren oder neue Geschäftsmodelle zu entwickeln. Dadurch kann langfristig der Unternehmenserhalt gesichert werden. Mit der Weiterentwicklung der eingesetzten Informations- und Kommunikationstechnologie, wird eine neue Ebene der Organisation und Steuerung der gesamten betrieblichen Leistungserstellung angestrebt.[2] Ein wesentlicher Aspekt ist das Internet, welches global kostengünstig zur Verfügung steht. Über das Internet können Dienste, wie das Worldwide Web (WWW), E-Mail, Suchmaschine oder standardisierte Protokolle zum Datenaustausch abgerufen werden. Als Folge der eingesetzten Informationstechnologie (IT) sind technische und prozessuale Standards entstanden, die Systeme miteinander koppeln und inhaltlich den Austausch ermöglichen.[3]

1.2 Ziele im Rahmen dieser Arbeit

Ziel dieser Arbeit ist die umfassende und detaillierte Auseinandersetzung mit betrieblichen AS. Es wird der Stand und Trend von betrieblichen AS mit Berücksichtigung der chronologischen Begriffsentwicklung aufgezeigt, sowie nachvollziehbar die Formulierung Überwindung der sog. Softwarekrise erläutert. Es wird praxisnah anhand eines selbst gewählten und ausreichend komplexen Beispiels aus der Wirtschaft die theoretischen Ausführungen detailliert verdeutlicht. Es wird überprüft, welche betriebswirtschaftlichen Wirkungen überbetriebliche Integrationen von AS haben können.

---

[1] Vgl. Weber, 2021, S. 2
[2] Vgl. Roth, 2016, S. 2
[3] Vgl. Arnolds, Heege, Röh, & Tussing, 2022, S. 378

1.3 Aufbau der Arbeit

Nach der Einleitung (Kapitel 1) werden die theoretischen Grundlagen (Kapitel 2) bearbeitet. Als Einstieg erfolgt die Darstellung der chronologischen Entwicklung von betrieblichen AS. Es werden Begriffe definiert und aufgezeigt, wie AS mit Hilfe der Informationspyramide klassifiziert werden können. Anhand der Methode Architektur integrierter Informationssysteme (ARIS) kann die Komplexität von integrierten AS innerhalb des Unternehmens reduziert werden. Es wird folgend aufgezeigt, wie außerhalb des Unternehmens übergreifende AS eingesetzt werden. Abschließend erfolgt eine Ausarbeitung von Stand und Trends bis zur Bedeutung des Begriffes Software Engineering. Der Hauptteil (Kapitel 3) bearbeitet die Optimierung des Beschaffungsprozesses eines produzierenden mittelständischen Unternehmens. Es wird nach der Beschreibung des Unternehmensszenario, der Ist-Zustand und die Motivation vor Projektinitialisierung dargestellt. Es folgt eine fachliche und technische Anforderungsanalyse, die die Basis für den Soll-Zustand bilden. Den Schwerpunkt bildet die Erstellung eines Pflichtenheftes. Es werden zunächst kurz die Ziele für den Einsatz einer überbetrieblichen Integration eines AS im betrieblichen Kontext aufgezeigt. Es folgen technische Anforderungen mit Administration, sowie fachliche Anforderungen. Gebündelt wird alles in einer Checkliste als Anforderungsverzeichnis an das zu integrierende AS. Dies bildet die Basis für eine fundierte Entscheidung zur Auswahl des richtigen Systems. Durch eine Zusammenfassung und kurze kritische Reflexion (Kapitel 4) wird die Ausarbeitung abgerundet.

2. Grundlagen betrieblicher Anwendungssysteme

2.1 Chronologische Begriffsentwicklung

In den Jahren um 1960 entwickelten sich die ersten Programme für betriebliche AS. Von dem ersten Einsatz von Computern in Industrieunternehmen haben sich die Einsatzmöglichkeiten und Ausprägungen dieser Systeme immer weiter verbessert.[4] Mit dem Fortschritt der Informations- und Kommunikationstechnologien haben sich eine Vielzahl von betrieblichen AS weiterentwickelt. Es ist eine verzahnte Landschaft für betriebliche Informationsverarbeitung entstanden.[5] Unter dem Begriff AS werden alle Programme für Anwender zusammengefasst, die für geschäftliche, dienstliche oder

---

[4] Vgl. Weber, Gabriel, Lux, & Menke, 2022, S. 99
[5] Vgl. Gehring & Gabriel, 2022, S. 200

organisationsbezogene Zwecke genutzt werden. Es wird nach selbstentwickelter Individualsoftware oder Standardsoftware unterschieden. Betriebliche Standardsoftware wird branchenübergreifend oder auch für eine spezifische Branchen angeboten. Unterschieden wird auch, ob die angebotenen Komplettlösungen für alle Aufgaben des Unternehmens eingesetzt werden oder nur bestimme Bereiche wie Einkauf, Beschaffung, Personalabrechnung abdecken.[6] Neben den fachbezogenen Aufgaben, die oft in einzelnen Modulen im AS strukturiert sind, gehören zum Begriff AS im weiteren Sinne auch die dazugehörige Hardware, Daten und Dokumente.[7] Der modulare Aufbau von AS wird im Bereich der betrieblichen Standartsoftware genutzt, um alle Aufgaben und Prozesse des Unternehmens in einer Software abzubilden. Es gibt viele Klassifikationen von AS. Ein Aspekt ist die vertikale oder horizontale Integration. Hier werden Administrations- und Dispositions-, sowie Planungs- und Kontroll- bis zu Systemen für die Unternehmensplanung und -führung klassifiziert. Die folgende Informationspyramide zeigt, wie das Unternehmen aufgebaut sein kann und gliedert sich in fünf Ebenen. [8]

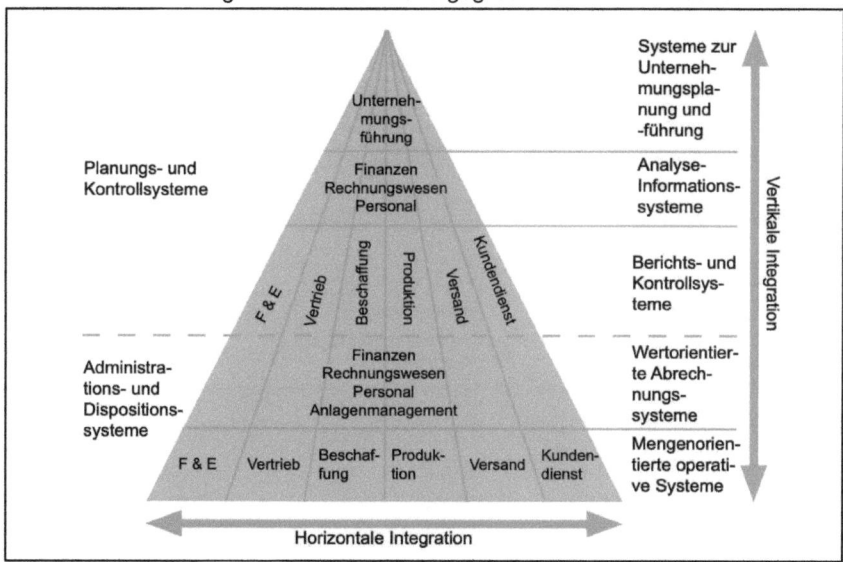

Abbildung 1: Die Informationssystempyramide[9]

---

[6] Vgl. (Gehring & Gabriel, 2022, S. 220-221)
[7] Vgl. (Gehring & Gabriel, 2022, S. 568)
[8] Vgl. (Weber, Gabriel, Lux, & Menke, 2022, S. 113)
[9] Weber, Gabriel, Lux, & Menke, 2022, S. 113

Die Integration von AS zielt auf die Erschaffung eines einheitlichen Ganzen ab.[10] Die Architektur für integrierte Systeme kann über verschiedene Methoden erfolgen. Das ARIS Konzept ist eine prozessorientierte Organisationsgestaltung. Um die Komplexität zu reduzieren, werden in der ARIS-Methode die Architektur des Unternehmens in fünf Beschreibungsschichten aufgespaltet. Es werden logische Zusammenhänge der unterschiedlichen Schichten hergestellt. Im Rahmen von Geschäftsprozessmodellierung werden z.B. die benötigten Daten mit der Organisationssicht verknüpft. Die ARIS-Methode enthält selbst keine ausführenden Schicht. Durch digitale Werkzeuge, die von Programmierern genutzt werden, können Schnittstellen zu anderen Systemen wie ERP genutzt werden.[11]

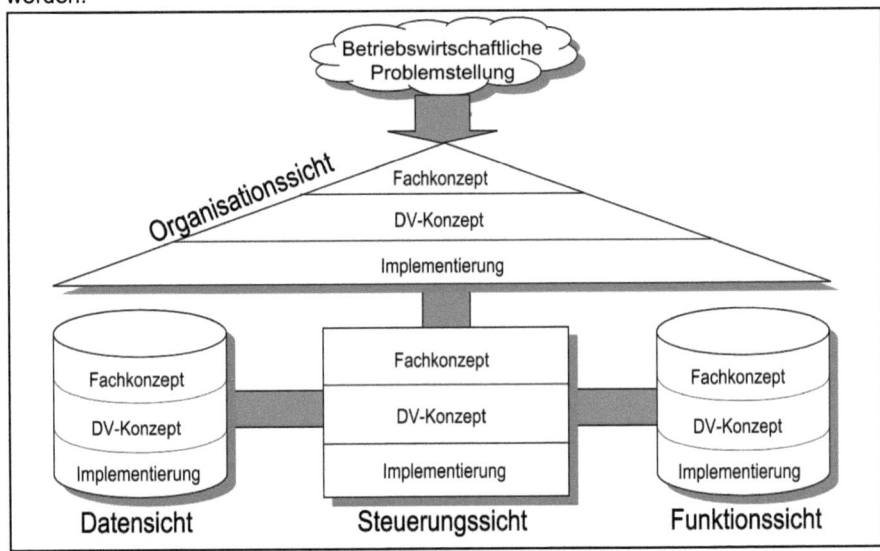

Abbildung 2: Das ARIS-Haus[12]

Enterprise Ressource Planning-Systeme (ERP-Systeme) haben ihren Fokus auf der innerbetrieblichen Integration und unterstützen bei der Gestaltung du Abwicklung von effizienten Geschäftsprozessen. In den 1990 Jahren begann die Entwicklung von ERP-

---

[10] Vgl. Weber, Gabriel, Lux, & Menke, 2022, S. 113
[11] Vgl. Leimeister, 2021, S. 219-220
[12] Seidelmeier, 2015, S. 29

Systemen. Die Bedeutung nimmt weiter zu.[13] Die Integration von ERP-Systemen kann sogar überbetrieblich im Bereich des Supply Chain Management (SCM) erfolgen.[14] Durch die überbetriebliche Integration von Kunden und Lieferanten können auch Geschäftsprozesse außerhalb des Unternehmens abgewickelt werden. Die IT-Entwicklung hält bis heute an.[15] In der folgenden Abbildung ist unter dem Begriff Supply Chain Management (SCM) das Lieferantenmanagement zusammengefasst. Von der Logistik bis hinzu Dienstleistungsanbietern werden Material und Informationen koordiniert.[16]

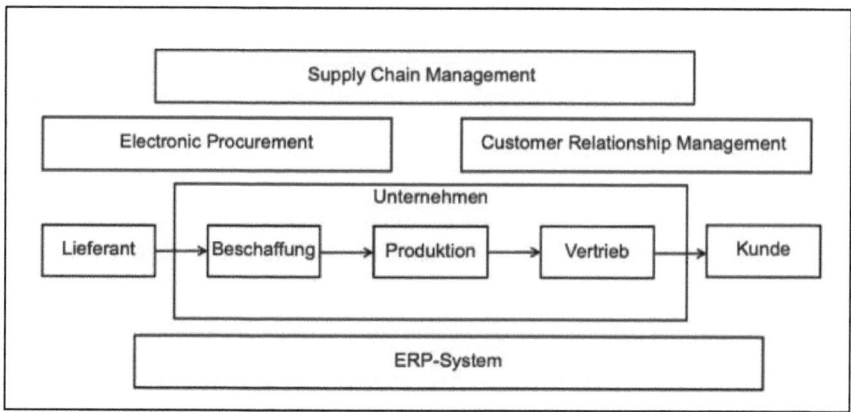

Abbildung 3: ERP-Systeme und unternehmensübergreifende Anwendungen[17]

Ein Teilbereich des SCM bildet das Electronic Procurement (E-Procurement) ab. Unter diesem Begriff wird die digital gestützte Beschaffung zusammengefasst. Das Unternehmen führt routinemäßig seine operative Beschaffungsvorgänge aus. In einer Menge von Lieferanten, werden die passenden gesucht (E-Sourcing). Bestellungen werden über die Vorgänge des E-Ordering getätigt. Beispiele sind elektronische Marktplätze oder die Teilnahme an elektronischen Ausschreibungen.[18] Es genügt nicht nur die Partner des SCM über elektronischen Datenaustausch über Standards wie EDI (Electronic Data

---

[13] Vgl. Weber, Gabriel, Lux, & Menke, 2022, S. 120
[14] Vgl. Weber, Gabriel, Lux, & Menke, 2022, S. 117
[15] Vgl. Leimeister, 2021, S. 265
[16] Vgl. Leimeister, 2021, S. 268
[17] Vgl. Leimeister, 2021, S. 265
[18] Vgl. Wannenwetsch, 2021, S. 226

Interchange) zu verknüpfen. Auch die AS müssen orchestriert werden. Dementsprechend wird das Management einer solchen überbetrieblichen Infrastruktur sehr komplex. Durch Anbieter wie Amazon oder Google kann die IT-Infrastruktur durch den Betrieb von Clouddiensten übernommen werden.[19]

2.2 Stand und Trends

Aktuell werden AS in Cloud und On-Premises unterschieden. Wenn ein betriebliches AS von einem Cloudanbieter betrieben wird, erfolgt der Zugriff über das Internet. On-Premises Lösungen werden von nutzenden Unternehmen selbstbetrieben. Als weitere Unterscheidung kommen die Aspekte in der Bereitstellung, die Granularität, wie die AS entwickelt worden sind. Hier kann zwischen einem monolithischen System oder eine Schaltung von meistens unabhängigen Diensten wie z.B. Microservice vorgenommen werden.[20]

Monolithische AS werden als untrennbares Ganzes verstanden. Alle relevanten Module werden als Ausführungseinheit zusammengebracht. Ein Schichtenmodell mit einzelnen Schichten für die Benutzeroberfläche (UI), Anwendungslogik (Application Logic) und Datenzugriff (Data Access) hilft bei der Softwarearchitektur. Um die Aufgaben eines Unternehmens abbilden zu können, werden diese Systeme immer weiterentwickelt. Ab einem gewissen Punkt können keine weiteren Funktionen mehr hinzugefügt werden. Die einzelnen Teile können nicht weiter skaliert werden, da sie miteinander eng verbunden sind. Ist eine Anwendung durch ihre Komplexität gekennzeichnet, so entwickelte sich eine neue Struktur von AS in der die Ausführungseinheiten dezentral und locker miteinander verbunden sind.[21] Die Betrachtung von betrieblichen AS bezog sich auf miteinander fest verflochtenen Funktionen. Sollte der Bedarf bestehen für einen Dienst eine aktuellere Version einzuführen, so ist normalerweise das ganze System zu aktualisieren.

Seit längerer Zeit gibt es schon zu den Diensten Modelle und Konzepte. Die serviceorientierte Architektur SOA ist aus den Zweitausenderjahren sehr bekannter Begriff. Die Architektur mit Microservices mit Blick auf den Servicegedanken gilt es weithin

---

[19] Vgl. Leimeister, 2021, S. 225
[20] Vgl. Weber, 2021, S. 144
[21] Vgl. Microsoft, o. J., Internetquelle

auszubauen. Treiber war damals mehr Flexibilität und Wiederverwendbarkeit mit Fokus auf die schnell änderbaren Geschäftsprozesse eines Unternehmens. Eine Anpassung an den Markt steht hier im Vordergrund.[22] Bei SOA Modellen bilden zentrale Dienste den Mittelpunkt. Anwender können eine zentrale Anwendung nutzen, ohne dabei jedes Mal eine andere separate Anwendung nutzen zu müssen. Anbieter die SOA Services anbieten werden Service-Provider genannt. Die Bereitstellung kann durch die eigene IT Abteilung erfolgen, auch externe Service-Provider sind möglich. Die externe Nutzung über eine sogenannte Cloud nimmt immer mehr Gewichtung ein. Der Austausch zwischen den Diensten erfolgt mit Hilfe von standardisierten Protokollen, wie SOAP, REST, XML-RPC und weiteren. Um auf die Dienste und Services zugreifen zu können, verwenden die Anwender Client-Server-Architekturen.[23]

Bei AS, die mit unabhängigen Microservices entwickelt worden sind, ist der Service nicht das ganze System, sondern kleine Dienste. Microservices lassen sich als Betriebsmodell und Entwicklungskonzept für Softwaren verstehen.[24] Für Entwickler sind Microservices einfacher zu programmieren. Die Entwicklung des Funktionsumfanges ist kleiner. Dies macht eine leichte Integration und permanente Bereitstellung (CI/CD continuous integration and continuous delivery/continuous deployment) möglich. Auch können die Microservices in jeder Programmiersprache entwickelt werden und über Anwendungsprogrammierschnittstellen (API) mit anderen Microservices austauschen. Mit einer Abfolge von Programmieraufrufen können Entwickler auf die Funktionalität einer Anwendung ansprechen. Es werden Anmeldeinformationen und Daten zwischen den Anwendungen ausgetauscht. Die IT Branche steigt vom Monolithen auf Microservices um. Es scheint schwieriger zu sein, für Unternehmen in einer Plattform alle Funktionen bereitzustellen, um alle Geschäftsprozessen des Unternehmens abzubilden. Insgesamt haben Unternehmen gute Erfahrungswerte gesammelt, in dem einzeln bereitgestellte Lösungen mit Unterstützung einer API Integration verknüpft wurden.[25]

Die folgende Grafik zeigt die Entwicklung von Software-Architekturen.

---

[22] Vgl. Weber, 2021, S. 151
[23] Vgl. ahd, o. J., Internetquelle
[24] Vgl. Weber, 2021, S. 151
[25] Vgl. talend, o. J., Internetquelle

Anm. der Redaktion:
aus urheberrechtlichen Gründen wurde diese Abbildung entfernt.

Abbildung 4: Entwicklung vom Monolith, zu Service-Orientiert bis hin zu Microservices[26]

In allen beschriebenen Architekturen sind Client-Server Architekturen denkbar.
Client-Server-Architekturen sind verteilte AS, die aus den Systemkomponenten Client
und Server bestehen. Von einem Client aus werden die Dienste eines Servers genutzt.
Unterschieden wird z.B. nach Datenbank-, Druck-, File-Server oder anderen. Welche
Dienste angeboten werden, hängt vom AS ab.[27] Bei der Erstellung des AS, ist zu be-
rücksichtigen, wie viele Client und Server mit welcher Rechenleistung benötigt werden.
Mit dem Begriff Sizing wird die Systemgröße berechnet. Neben der Hardware ist auch
die Konfiguration wichtig. Wie soll der Speicher von den Prozessen als Ressource genutzt werden. Rechner heute immer leistungsfähiger. Als weitverbreite Architektur ist
das logische drei Schichten Modell mit Präsentations-, Anwendungs- und Datenbank-
schicht heute bekannt. Dieses wird auf drei physische Schichten von Rechnern ver-
teilt.[28] Die vierstufige Architektur ist heute wohl die wichtigste. Es wird ein Webserver
mit einbezogen. Der Client bekommt eine generische Form des Webbrowsers und
keine anwendungsspezifische Präsentationsschicht mehr. Die Präsentation wird durch
den Webserver durch HTML-Seiten generiert und dargestellt. Es ist zu beobachten,
dass mit jeder neuen Stufe die Architekturen flexibler werden, allerdings auch

---

[26] Maveric Systems, 2023, Internetquelle
[27] Vgl. Alpar, et al., 2014, S. 416
[28] Vgl. Weber, 2021, S. 132-133

komplexer und nicht mehr so leistungsfähig. Die Kommunikation zwischen den einzelnen Schichten steigt. Client-Server Architekturen sind heute in den Architekturen von betrieblichen AS vertreten. Bis heute entwickeln sich Enterprise Standards, wie JAVA Enterprise Edition. Hier werden einzuhaltende Schnittstellen für Anwendungsprogramme definiert, um auf einem Applikationsserver laufen zu können. Auch APIs, welche ein Applikationsserver anbieten soll und welche die Anwendungsprogramme verwenden können, werden als Standard festgelegt.[29] Es gibt aktuell Anbieter, die in ihrem eigenen Rechenzentrum als Provider ASP (Applications Service Providing) Anwendungen für ein Unternehmen bereitstellen. Die Anwendungen können selbst entwickelt, gekauft oder gemietet sein. Über das Internet ruft das Unternehmen in seinen eigenen Räumen über einen WWW-Browser die Anwendung auf. Das Cloudcomputing ist eine Erweiterung von ASP. Hier wird nicht nur der Betrieb einer Anwendung angeboten, sondern auch Hard- und Software für andere IT-Dienstleistungen. Das als Wolke (Cloud) dargestellte Netz, wir über das Internet als vernetzte Dienstleistungen angeboten. Der Kunde kann alles flexibel abrufen und nach Bedarf (OnDemand) nutzen. Bezahlt wird z.B. nach Verbrauch (Workload Based Billing).[30]

Beim Cloudcomputing gibt es unterschiedliche Angebote. Es wird im Wesentlichen unter drei Hauptmodellen unterentschieden. Infrastructure as a Service (IaaS), Platform as a Service (PaaS) und Software as a Service (SaaS). Ein Anbieter aller Services ist z.B. Amazon Web Services (aws).[31] Bei Anwendungen, die standardisiert sind und einzelne Softwarekomponenten oder Services umfassen, handelt es sich um SaaS Angebote. Bei IaaS nutzen Unternehmen die Hardware des Anbieters. Es werden z.B. Programme ausgeführt oder Daten abgespeichert. Es gibt auch PaaS Dienste, bei denen Anbieter für Unternehmen Plattformen anbieten, um mit standardisierten Schnittstellen Software entwickelt zu können.[32]

---

[29] Vgl. Weber R. , 2021, S. 136+137
[30] Vgl. Alpar, et al., 2014, S. 93
[31] Vgl. aws, o. J., Internetquelle
[32] Vgl. Alpar, et al., 2014, S. 94

2.3 Softwarekrise

Als 1960 Computer die Wirtschaft eroberten, stellte sich schnell heraus, dass die Softwareentwicklung noch am Anfang war. Als große leistungsfähige Hardwaresysteme immer mehr von Personen gleichzeitig genutzt werden konnten, entwickelte sich die Softwareprogrammierung – und Bedienung zu einer neuen Herausforderung. Unzureichende Softwarequalität, verursachte massive Kosten. Durch mangelndes Projektmanagement und fehlende Methoden für Softwaretests, gelang es nicht trotz der Zusammenarbeit mehrerer Programmierer, erfolgreich Software zu entwickeln. Es wurde erstmals von einer Softwarekrise gesprochen. Um diese Softwarekriese zu überwinden, wurde 1968 die erste NATO Software-Engineering Conference durch das NATO Science Committee durchgeführt. Hier tauschten sich erstmals Experten proaktiv aus. Es erfolgte eine Diskussion über Projektmanagement, strukturierte Entwicklung- und Designmethoden, sowie qualitative Testung von Software. Um die Krise zu überwinden, sollte sich fortan mehr an einer Ingenieursstruktur bei der Softwareentwicklung gehalten werden. Die folgenden Jahrzehnte waren durch Veränderungen geprägt und die Basis für den Begriff Software-Engineering wurde gelegt.[33] Bei der ingenieursmäßigen Entwicklung von Software, wird zunächst ein Verständnis für das Problem geschaffen. Erst nachdem das Problem klar geworden ist, erfolgt eine Lösung. Durch verschiedene Vorgehensmodelle wie SCRUM, wird festgelegt, wie ein Software-Ingenieur mit welcher Entwicklungsaufgabe beauftragt wird. Auch fließen Kosten- und Qualitätsbewusstsein und Normen mit in die Entwicklung ein.[34] Viele Probleme aus den 60er Jahren sind bis heute nicht überwunden. Auch in der Zukunft wird sich die Disziplin des Software-Engineering mit Fragen zur Zukunft beschäftigen müssen. Insbesondere die Entwicklung bei künstlicher Intelligenz und ethnische Fragestellungen gehören genauso dazu, wie das komplexer werdende Projektmanagement und Sicherung der Qualität durch Testung.[35]

---

[33] Vgl. Vogel Communications Group, 2018, Internetquelle
[34] Vgl. Ernst, Schmidt, & Beneken, 2020
[35] Vgl. Vogel Communications Group, 2018, Internetquelle

3.   Praxisnahes Beispiel Wirtschaft

3.1   Beschreibung Szenario Optimierung Beschaffung im Mittelstand

Die fiktive Edin Form-und Spritzguss GmbH (Edin FS) ist mittelständischer Zulieferer für unterschiedliche Branchen auf der ganzen Welt. Das Unternehmen produziert selbst Formen aus Metall und stellt Kleinsteile aus Spritzguss her. Der einzige Produktions-standort mit angegliederter Verwaltung sitzt im Rheinland mit ca. 280 Mitarbeiter. Die Edin FS hat verschiedene Funktionsbereiche. Die Abteilungen Konstruktion & Produk-tion, Logistik, Verkauf & Service sind direkt an der Leistungserstellung des Unterneh-mens beteiligt. Die Bereiche HR&Finance, IT, Beschaffung, Forschung & Entwicklung unterstützen. Es wurde bereits erfolgreich ein modulares Standard ERP System On-Premises eingeführt. Mit der innerbetrieblichen Integration und der effizienten Unterstüt-zung bei den Geschäftsprozessen der Edin FS ist die Geschäftsführung sehr zufrieden. Jetzt soll die überbetriebliche Integration im Bereich SCM erfolgen. Insbesondere der Bereich Beschaffung muss digitaler werden. Durch den Einsatz digital gestützter Be-schaffung E-Procurement soll E-Sourcing und E-Ordering abgewickelt werden. Die Ab-teilung Beschaffung nutzt als Datengrundlage die Bestandsmeldungen aus dem ERP-System. Sobald Material einen kritischen Lagerbestand erreicht hat, starten die Mitar-beiter (Einkäufer der Edin FS) ihren derzeit analogen Beschaffungsprozess.

3.2   Ist-Zustand als Motivation des Projektteams und Projektinitialsierung

Aktuell ist der Verzicht bei der Edin FS auf einen vernetzten Beschaffungsprozess in der betrieblichen Praxis ein Nachteil. Der bestehende Beschaffungsprozess ist zu kom-pliziert und es erfolgt keine Unterstützung von Tätigkeiten, die über Rechner übernom-men werden könnten. Es muss dringend eine Optimierung der administrativen Prozesse des Einkaufes erfolgen. Eine Synchronisation von Konstruktion & Produktion und not-wendige Beschaffung wurde weitgehend mit der Einführung des ERP-Systeme geschaf-fen.[36]

Aktuelle Routinearbeiten der Einkaufabteilung für wiederkehrende Aufgaben nehmen enorme Kapazitäten der Mitarbeiter ein. Es wird viel Zeit z.B. mit dem Suchen von Lie-feranten und Produkten verbracht. Eine Studie hat gezeigt, dass über 70% der Vor-gänge im Einkauf in diesen Aufgabenbereich fallen. Für höherwertige Aufgaben, wie die

---

[36] Vgl. Arnolds, Heege, Röh, & Tussing, 2022, S. 379

Erstellung und Durchführung von Ausschreibungen mit Preisverhandlungen bei Lieferanten bleibt weniger Zeit. Ca. ein Drittel der zu beschaffenden Produkte und Dienstleistungen werden ohne formale Beschaffung und ohne gültige Einkaufsregularien be-
schafft. Es kommt immer wieder zu Einzelfallentscheidungen, wenn Mitarbeiter Güter
ohne Rahmenverträge einkaufen. Dies hat dazu geführt, dass es keine Transparenz im
gesamten Einkaufsprozess gibt. Auch fehlt es an rechtlichen Compliance Vorgaben.
Betrachtet wird auch die Arbeitszeit, die reale Mitarbeiter einsetzen. Die gesamten Ar-
beitsschritte von der Bedarfsermittlung über die Bestellung nach Lieferantenauswahl für
ein Produkt kann bis zu neun Arbeitstage dauern. Dies führt dazu, dass die Beschaf-
fungszeit und -kosten relativ hoch ist. Dies liegt nicht nur am eingesetzten Personal,
sondern auch, dass die Bestellungen immer noch papierbasiert sind.[37]

Damit das Projekt erfolgreich wird, finden sich nach ersten Gesprächen mit der Geschäftsführung die notwendigen Beteiligten zusammen. Es ist allen bewusst, dass die
Einführung eines E-Procurement auch abteilungsübergreifend Vorteile bringt.
Es wird ein zeitlich befristetes Projektteam gebildet, welches das Projekt (E-PRO for E-
din FS) in unterschiedliche Phasen von Projektinitialisierung bis zum Projektabschluss
bilden.[38] Motiviert finden sich zu einer Kick-Off Veranstaltung der Leiter des HR&Fi-
nance Bereich, IT Projektleiter, externer Berater ERP System und zwei zukünftige Benutzer des neuen AS für den Einkauf aus der Abteilung Beschaffung.
Es wird zunächst das Projektziel festgelegt und anschließend ein Terminplan ausgear-
beitet.[39] Der externe Berater empfiehlt vorab einen Marketplace (digitaler Marktplatz) an
das ERP-System anzubinden.

3.3   Fachliche und IT-Technische Anforderungsanalyse

Auf die Beratungsempfehlung hin, werden nun Ziele für den Soll-Zustand für die überbetriebliche Integration des Marketplace in der Projektgruppe bearbeitet.
Die Anforderungen an die Integration sind abhängig von der Machbarkeit des Anbieters
des Marketplace, sowie den Möglichkeiten des bereits eingesetzten ERP-Systeme. Die

---

[37] Vgl. Kollmann, 2019, S. 48
[38] Vgl. Groß & Pfenning, 2019, S. 824
[39] Vgl. Groß & Pfenning, 2019, S. 178

aktuelle technische Infrastruktur wie Hardware, Software, Betriebssysteme, Datenbanken sind laut Berater nicht von der Anbindung des Marketplace nicht betroffen.[40] Gewünscht ist ein technischer und prozessualer Standard. Das bestehende ERP System soll technisch gekoppelt werden und inhaltlich mit dem Marketplace Daten austauschen. Es soll ermöglicht werden größere Informationsmengen zu bearbeiten, übertragen und im ERP-System zu speichern. Bestehende Beschaffungsvorgänge in Papierform, per Fax oder digitale E-Mails an und von Lieferanten, sollen vereinfacht, beschleunigt, optimiert und automatisiert werden. Die informationstechnische Einbindung von Lieferanten, soll weitgehend kostenneutral erfolgen.[41]

3.4   Pflichtenhefterstellung

3.4.1   Ziele des Einsatzes des Marketplace Management Summary

Es müssen die beschaffungsprozessbezogenen Bereiche der Edin FS abgebildet werden: Unternehmensübergreifend entlang der Lieferantenkette (SCM), Plattformmodell Cloud, Standard API, ERP fähig, Online Auktionen- und Verhandlungen, elektronische Ausschreibungen, Anfragen und Angebotsbearbeitung, Bestellwesen, Abrechnung und Zahlungsprozesse. Eine zukünftige Abhängigkeit von einer implementierten Lösung, die später nicht mehr skalierbar ist, soll weitgehend vermieden werden. Aus Datenschutz rechtlichen Anforderungen, sollen Anbieter mit Hosting in Europa ausgewählt werden.[42]

3.4.2   Technische Anforderungen und Adminstration

Initial sollen die im folgenden aufgeführten Nutzungsmöglichkeiten, sowie Funktions- und Sicherheitsvorgaben vorhanden sein.

Verlangt wird die Möglichkeit einer einheitlichen Stammdatenhaltung und Kopplung der Bestandsdaten mit Artikeldaten aus dem Marketplace, sowie Einhaltung betriebswirtschaftlichen Gesichtspunkten wie einheitliche Datenstrukturen wie Rechnungsdaten etc.[43] Damit eine Datenaustausch erfolgen kann, sollte die Schnittstelle EDI-fähig sein und über die mögliche Anbindung über API Standardschnittstellen vom aktuellen ERP-System verfügen.[44] Eine festgelegte Datenstruktur (Preise, Logistikkonditionen etc.)

---

[40] Vgl. Groß & Pfenning, 2019, S. 349
[41] Vgl. Arnolds, Heege, Röh, & Tussing, 2022, S. 378-379
[42] Vgl. Arnolds, Heege, Röh, & Tussing, 2022, S. 381
[43] Vgl. Arnolds, Heege, Röh, & Tussing, 2022, S. 384
[44] Vgl. Arnolds, Heege, Röh, & Tussing, 2022, S. 385

wäre wünschenswert. Weiter sollte es möglich sein, manuell erstellte Felder zu koppeln.[45] Der Einsatz des Standard ECl@ss, um Sachgüter logisch und eindeutige Ordnung nach einer hierarchischen Norm zu strukturieren, ist denkbar.[46] Insgesamt sollte die Nutzung eines vertikalen Marktplatzes über eine branchenspezifische Lösung erfolgen. Dies bedeutet durch rechnergestütztes bzw. elektronische Medien eine Anbindung an eine Plattform PaaS. Der Marketplace wird von einem Drittanbieter zur Verfügung gestellt. Die IT der EDIN FS unterstützt bei zentralen Benutzermanagement, mit skalierbaren Lese- und Schreibberechtigungen für zentralisierte Maßnahmen für Datensicherung und Datenschutz angelehnt an eigene betriebliche Compliance Vorgaben.[47] Über eine zentrale Datenschnittstellen werden Personaldaten mit eindeutigen Feldern importiert. Eine Identitätsprüfung und Authentifizierung des Nutzers sollte direkt durch ein Loginverfahren auf der Plattform mit zwei Faktor Authentifizierung erfolgen. Dies bedeutet auch, dass die betriebenen Server des PaaS Marketplace sich zwingend in der EU befinden. Auch wäre ein deutschsprachiger Kundensupport (5 Tage die Woche Erreichbarkeit 9 Stunden pro Tag) zu normalen Geschäftszeiten wünschenswert.

3.4.3   Fachliche Anforderungen

Folgende Funktionen stellt die Projektgruppe: Zu beschaffende Waren sollen in einem Suchkatalog des Marketplace durch eindeutige Spezifizierungen und Klassifikation in Gruppen nach Bedarfsgütern gegliedert sein. Alle Produktdaten sollen sachlogisch in Untergruppen und Einzelteile wie bei einer Stückliste aus der Produktion gegliedert sein. Die gesuchten Artikel sollen nach allgemeinen Kategorien und auch nach eigenen Attributen der EDIN FS sortiert werden. Dies bildet die Grundlage für alle Bedarfsanfragen, Angebote, Bestellung, Abrechnung und Zahlungen, sowie Auktionen und Verhandlungen bei Ausschreibungen im informationstechnischen Austausch mit Lieferanten. Mit Einsatz des Klassifizierungsstandard ECl@ss sollen die Materialanalysen nach Gütern unternehmensintern abgeleitet werden und hier auch zukünftig bessere Beschaffungsstrategien ableiten zu können. Es sollen eine Basis geschaffen werden, identische Angebote zu bündeln und den Bedarf für eigene Produktentwicklung oder Zukauf besser strategisch erkennen zu können. Angestrebt ist ein teilautomatisierter Prozess für

---

[45] Vgl. Arnolds, Heege, Röh, & Tussing, 2022, S. 390
[46] Vgl. Arnolds, Heege, Röh, & Tussing, 2022, S. 383
[47] Vgl. Arnolds, Heege, Röh, & Tussing, 2022, S. 388

bestimmte Materialgruppen, der über Suchroutinen bei möglichen Lieferanten den Ausschreibungs- und Angebotsprozess startet.[48] Besonders gilt ein Fokus auf Materialgruppen mit hohen Wert- und Mengengerüsten.[49] Die Aufgaben der Einkäufer auf kaufmännischer Ebene sollen von den Anfragen, Angebotsbearbeitung und Bestellungen bis hin zu Ausschreibungen an einen bestimmten Bieterkreis abgewickelt werden. Spezifikationen werden auf elektronischen Wegen an den Lieferanten oder Bieter übermittelt. Damit die Abrechnung und Zahlungsprozesse über das Modul des ERP System der HR&Finance Abteilung erfolgen kann, sollen eine festgelegte Datenstruktur wie Preise, Kondition etc. Information dazu erhalten und auch wieder zurücksenden. Es sollen beispielsweise eine Versionierung von Anfragedaten während des Anfrageprozess von Angeboten der Lieferanten strukturiert und revisionssicher abgelegt werden.[50]

3.4.4   Checkliste Anforderungsverzeichnis

Die in dieser Checkliste zusammengefassten Kriterien werden nach A und B Bewertungen zusammengefasst. Wobei A unbedingt erforderlich und B wünschenswert sind.

Lfd.	Anforderungen	Kriterium Typ A/B
1.	Technische Anforderungen und Administration	
1.1	Einheitliche Stammdaten/Kopplung ERP	A
1.2	EDI fähig	A
1.3	Standard API ERP fähig	A
1.4	Datenstruktur manuelle Eingabefelder	B
1.5	ECI@ss vorhanden	A
1.6	Plattform PaaS – Marketplace	A
1.7	Benutzermanagement Lese/Schreibrechte	A
1.8	Einhaltung Compliance Vorgaben Server in der EU	A
1.9	Kundensupport 9x5	B

[48] Vgl. Arnolds, Heege, Röh, & Tussing, 2022, S. 382-383
[49] Vgl. Arnolds, Heege, Röh, & Tussing, 2022, S. 389
[50] Vgl. Arnolds, Heege, Röh, & Tussing, 2022, S. 390

Lfd.	Anforderungen	Kriterium Typ A/B
2.	Inhaltliche Funktionen	
2.1	Suchkatalog Spezifikation / Klassifikation	A
2.2	Gliederung in Gruppen	A
2.3	Teilautomatisierter Prozess bis zur Bestellung	A
2.4	Bieterkreis Spezifikationen Übermittlung	B
2.5	Kaufmännische Datenstruktur	A
2.6	Versionierung Anfragedaten	A

3.5 Auswahl, Testphase, Vertragsabschluss

Nachdem die Kriterien bekannt sind, erfolgt die Vorbereitung auf die Auswahl des Marketplace. Es werden drei verschiedene Plattformen bewertet. Die Projektgruppe erstellt hierfür eine Nutzwertanalyse.

Alle A Kriterien werden mit 70 Punkte und alle B Kriterein mit 30 Punkten Gewichet. Es folgen Wertevergabe für den Erfüllungsgrad der technischen und inhaltlichen Anforderungen von 1-2-3-4-5 Punkten. Die Projektbeteiligten entscheiden gemeinsam die Punktevergabe und multiplizieren diese mit dem Punktewert der Kriterien. Für die möglichen Lösungen werden die Gesamtwerte ausgerechnet. Die Höchstepunktzahl gibt eine mögliche Einsatzentscheidung vor.[51]

Die Geschäftsführung entscheidet sich für eine Testphase bevor es zum Vertragsabschluss mit dem Marketplace kommt. Hier testen die Benutzer aus dem Einkauf die Plattformen. Nachdem die Testphase mit einem PaaS Anbieter am erfolgreichsten war, wurde der Nutzungsvertrag unterzeichnet. Die Basis für einen digitalen Beschaffungsprozess wurde gelegt.

Die gesamte Einführungsphase bis zur Inbetriebnahme des Marketplace können auf Grund des Umfanges nicht mehr in dieser Arbeit diskutiert werden.

---

[51] Vgl. Kuster, Hubmann, Schneider, Bachmann, & Lippmann, 2022, S. 248

4. Zusammenhänge und Schlussfolgerungen

Der EDIN FS gelangt es ihr betriebliche AS überbetrieblich an ein E-Procurement System Marketplace anzubinden. Im Vergleich zum papierbasierten Beschaffungsprozess konnten die Daten und Informationen medienbruchfrei an Lieferanten übermittelt und empfangen werden.

Dies hat betriebswirtschaftlich zu verschiedenen Wirkungen geführt. Es konnte kostenneutral Lieferanten eingebunden werden. Anfragen können jetzt auf elektronischen Wegen versendet und bearbeitet werden. Dies ist ein fundamentaler Aspekt eines ganzheitlichen Lieferantenmanagement. Unterschiedliche Mitarbeiter können die Daten parallel einsehen und auswerten und Entscheidungsvorlagen für den Einkauf vorbereiten.[52]

Transaktionen in der Lieferantenbeziehung konnten durch die informationstechnische Unterstützung optimiert wurden. Kommunikation und Koordination stellt kein aufwendiges Problem mehr da. Weiteres Entwicklungspotenzial sieht die EDIN FS, in der Reduzierung der Fertigungstiefe ihres Unternehmens und weiterer Outsourcing von Leistungen, um sich mehr auf die eigenen Kernkompetenz zu konzentrieren. Hier können starke Wettbewerbsvorteile gesichert werden.[53]

Insgesamt geht die Geschäftsführung davon aus, dass im Rahmen der unternehmerischen Möglichkeiten weiter auf digitale Kapazitäts- und Kostenwirkung geachtet werden muss. Hier gilt es auch in Zukunft größere Informationsmengen zu bearbeiten und bestehende Abläufe effizienter zu automatisieren. Es sind Effektivitätswirkungen mit Blick auf neue Prozesse und Geschäftsmodelle bei betriebsübergreifenden AS denkbar.[54]

In der Praxis sollte sehr kritisch mit Erfolgspotenzial und Best Practice Berichten umgegangen werden. Besonders in der Wirtschaftsinformatik ist bei Entwicklungsmethoden und Architekturmodellen die Ausprägung sehr schwach, so dass wissenschaftliche Studien belegen können, dass Ansätze überlegen sind.[55]

---

[52] Vgl. Arnolds, Heege, Röh, & Tussing, 2022, S. 391
[53] Vgl. Arnolds, Heege, Röh, & Tussing, 2022, S. 379
[54] Vgl. Arnolds, Heege, Röh, & Tussing, 2022, S. 378
[55] Vgl. Weber, 2021, S. 152

Als Unternehmer bzw. wirtschaftendes Unternehmen ist eine kontinuierliche Weiterwicklung notwendig, um den Fortbestand zusichern. In dieser Arbeit konnte nur eine mögliche Betrachtung auf AS bearbeitet werden. Andere Szenarien sind denkbar. Auch die Abhängigkeit von Servicedienstleistern oder die Offenlegung von Daten in einer Plattform sollten kritisch hinterfragt werden. Je nach Situation sollte schon frühzeitig juristisch eine Auseinandersetzung erfolgen, wenn sensible Preis- und Einkaufsdaten das Unternehmen verlassen. Auch möglicher Imageschaden mit Partner und Lieferanten sind denkbar. Bevor mit einer Automatisierung und Standardisierung begonnen wird, sollten vorab noch Methoden zur Untersuchung, wie Kosten-Nutzen, SWAT, Benchmarking, PoC etc. von Unternehmer herangezogen werden. Wenn ein digitales Optimierungsprojet bei AS startet und später scheitert, ist dies mitunter eine unnütze Ressourcenverschwendung.

Literaturverzeichnis

ahd GmbH&Co. KG: Was ist eine SOA und wie nützt sie Ihrem Unternehmen?, abgerufen am 25.02.2023 von https://www.ahd.de/was-ist-eine-soa-und-wie-nuetzt-sie-ihrem-unternehmen/#definition

Alpar, Paul, Alt, Rainer, Bensberg, Frank, Grob, Heinz Lothar, Weimann, Peter, & Winter, Robert.: Anwendungsorientierte Wirtschaftsinformatik Strategische Planung, Entwicklung und Nutzung von Informationssystemen, E-Book, 7. aktualisierte und erweiterte Auflage, Wiesbaden, 2014, S. 93+94+416

Arnolds, Hans, Heege, Franz, Röh, Carsten, & Tussing, Werner: Materialwirtschaft und Einkauf Grundlagen - Spezialthemen, Übungen, E-Book, 14., aktualisierte und erweiterte Auflage, Wiesbaden, 2022, S. 378+379+381+383+384+385+389+390+391

aws Amazon Web Services: Arten von Cloud-Computing, abgerufen am 25.02.2023 von https://aws.amazon.com/de/types-of-cloud-computing/ abgerufen

Ernst, Hartmut, Schmidt, Jochen, & Beneken, Gerd: Grundkurs Informatik Grundlagen und Konzepte für die erfolgreiche IT-Praxis – Eine umfassende, praxisorientierte Einführung, E-Book, 7. erweiterte und aktualisierte Auflage, Wiesbaden, 2020 (Gehring & Gabriel, 2022), S. 692

Gehring, Hermann, & Gabriel, Roland: Wirtschaftsinformatik, E-Book, Wiesbaden, 2022, S. 200+ 220+221+568

Groß, Christoph., & Pfenning, Roland: Digitalisierung in Industrie, Handel und Logistik Leitfaden von der Prozessanalyse bis zur Einsatzoptimierung, E-Book, 2., aktualisierte und erweiterte Auflage, Wiesbaden, 2019, S. 5+178++349+824

Seidelmeier, Heinrich: Prozessmodellierung mit ARIS® Eine beispielorientierte Einführung für Studium und Praxis in ARIS 9.4, E-Book, 4., aktualisierte Auflage, Wiesbaden 2015, S. 29

Kollmann, Tobias: E-Business kompakt Grundlagen elektronischer Geschäftsprozesse in der Digitalen Wirtschaft mit über 70 Fallbeispielen, E-Book, Wiesbaden, 2019, S. 48

Kuster, Jürg, Hubmann, Mike, Schneider, Patrick, Bachmann, Christian, & Lippmann, Robert: Handbuch Projektmanagement Agil – Klassisch – Hybrid 5., vollständig überarbeitete und erweiterte Auflage, E-Book, Berlin, 2022, S. 248

Leimeister, Jan Marco: Einführung in die Wirtschaftsinformatik, E-Book, 13., aktualisierte und überarbeitete Auflage, Berlin, 2021, S. 219+220+225+265+268

Maveric Systems Limited abgerufen am 08. März 2023 von https://maveric-systems.com/blog/microservices-i-microservices-vs-soa/

Microsoft Corporation: Migrieren einer monolithischen Anwendung zu Microservices mit Domain-driven Design (DDD), abgerufen am 24.02.2023 von https://learn.microsoft.com/de-de/azure/architecture/microservices/migrate-monolith

Roth, Armin: Einführung und Umsetzung von Industrie 4.0, Grundlagen, Vorgehensmodell und Use Cases aus der Praxis, hrsg. von Armin Roth, E-Book, Heidelberg, 2016, S. 2

talend Germany GmbH: Monolithische Systeme vs. Microservices: ein Leitfaden zur Anwendungsarchitektur abgerufen am 25.02.2023 von https://www.talend.com/de/resources/monolithische-systeme/

Vogel Communications Group: Raus aus der Software-Krise: 50 Jahre Software-Engineering in embedded-software-engineering, Fachwissen für Software Professionals abgerufen am 25.02.2023 von https://www.embedded-software-engineering.de/raus-aus-der-software-krise-50-jahre-software-engineering-a-652bae88f2d67e0ee1be521ce878c14a/

Wannenwetsch, Helmut: Integrierte Materialwirtschaft, Logistik, Beschaffung und Produktion Supply Chain im Zeitalter der Digitalisierung, E-Book, 6. Auflage, Berlin, 2021, S. 226

Weber, Peter, Gabriel, Roland, Lux, Thomas., & Menke, Katharina: Basiswissen Wirtschaftsinformatik, E-Book, 4. aktualisierte und erweiterte Auflage, Wiesbaden, 2022, Wiesbaden, S. 99+113+117+120

Weber, Rainer: Betriebliche Anwendungssysteme Modelle, Integration und Betrieb, E-Book, 2. überarbeitete und erweiterte Auflage, Berlin, Heidelberg, 2021, S. 2+132+133+136+137+144+145+151+152